# The Wheels
## The Friendship Race

## Друзья на колёсах
### Гонка друзей

**Inna Nusinsky**

Illustrations by Michael Jay Roque

Иллюстратор Майкл Джей Роке

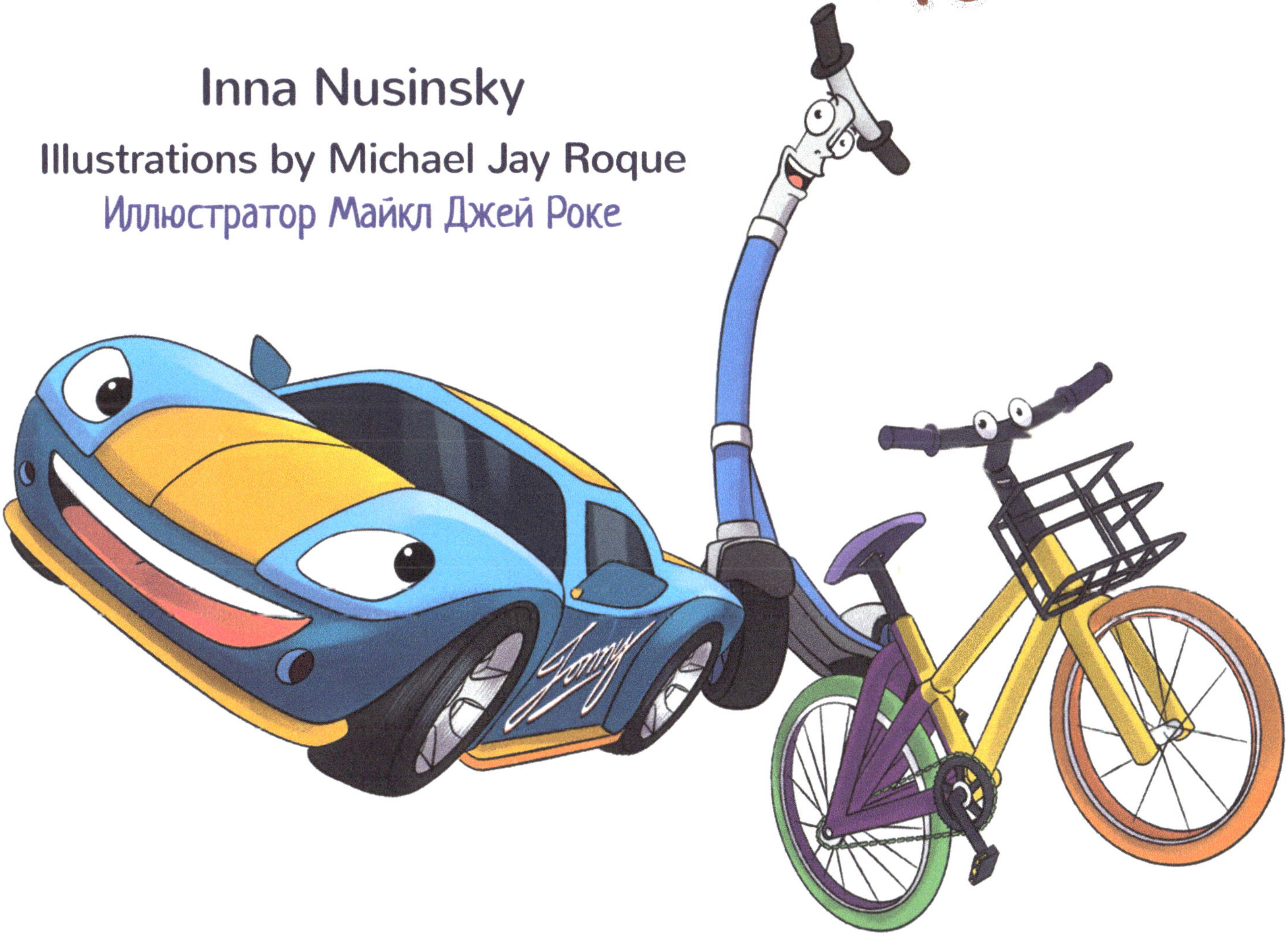

www.sachildrensbooks.com
Copyright©2015 by S.A. Publishing
innans@gmail.com

All rights reserved. No part of this book may be reproduced in any form or by any electronic or mechanical means, including information storage and retrieval systems, without written permission from the publisher or author, except in the case of a reviewer, who may quote brief passages embodied in critical articles or in a review.
Все права защищены. Полное или частичное копирование материалов запрещено, согласование использования произведения производится с его автором или издательством.

First edition, 2016

Translated from English by Anna Guryeva
Перевод с английского Анны Гурьевой

The Wheels: The Friendship race (Russian Bilingual Edition)
ISBN: 978-1-5259-0151-5 paperback
ISBN: 978-1-5259-0152-2 hardcover
ISBN: 978-1-5259-0150-8 eBook

Although the author and the publisher have made every effort to ensure the accuracy and completeness of information contained in this book, we assume no responsibility for errors, inaccuracies, omission, inconsistency, or consequences from such information.
Please note that the Russian and English versions of the story have been written to be as close as possible. However, in some cases they differ in order to accommodate nuances and fluidity of each language.

Jonny the car looked at himself in the shop window. How handsome he was! And what speed – he could beat even race cars!

Автомобильчик Джонни смотрел на своё отражение в витрине. Какой же он красивый! И какой быстрый — он бы обогнал даже гоночную машину!

"I'm the pride of the neighborhood," he yelled.

— Я гордость всей округи! — воскликнул он.

Just then, two braking sounds broke his daydream.

Но тут его мечты прервал звук тормозов.

There were his friends: Mike the bike and Scott the scooter.

Это были его друзья — велосипед Майк и самокат Скотт.

"Hey Jonny!" his friends said. "What's up?"

— Привет, Джонни! — сказали они. — Чем занимаешься?

"Feeling like a little race today," said Jonny, puffing his tires. "But there's no one I can race with."

— Хочу устроить сегодня небольшую гонку, — ответил Джонни, надувая шины. — Да только соревноваться не с кем.

"We can race with you!" said Mike with excitement.

— Ты можешь соревноваться с нами! — радостно предложил Майк.

"That's what friends are for!" added Scott.

— Для этого и нужны друзья! — добавил Скотт.

Jonny didn't show much enthusiasm. "Mmm... A champion needs an equal to compete with."

Джонни не проявил особого энтузиазма:
— Ммм... Чемпиону нужно состязаться с равными.

Mike and Scott looked at each other.

Майк и Скотт переглянулись.

"Are we not good?" asked Mike.

— А мы разве не хороши? — спросил Майк.

"Oh, you're good," Jonny made a face in the glass window. "But not good enough."

— Хороши, — Джонни состроил гримасу. Он всё ещё смотрелся в витрину. — Но недостаточно.

"Okay, Jonny," said Scott. "We challenge you to a race right now! Let's do Hill Road and see who finishes first."

— Ладно, Джонни, — сказал Скотт. — Вызываем тебя на гонку прямо сейчас! Поедем на Холмистую дорогу и посмотрим, кто придёт к финишу первым.

Jonny considered it with a smirk.

Джонни с ухмылкой согласился.

As they reached Hill Road, the race began.

Они добрались до Холмистой дороги, и гонка стартовала.

It started with a steep climb. Jonny roared and in seconds was over the incline.

Дорога начиналась крутым подъёмом. Джонни взревел и через несколько секунд был уже наверху.

Mike the bike was already half way... But poor Scott the scooter was huffing and puffing, slowly climbing up.

Велосипед Майк был тем временем на полпути. А бедный самокат Скотт пыхтел и сопел, медленно взбираясь в горку.

Jonny reached the hill and stopped. He looked at the rearview mirror – his friends were far behind.

Джонни добрался до вершины холма и остановился. Он посмотрел в зеркало заднего вида — друзья остались далеко позади.

He was bored. At least the music on the radio was good! He closed his eyes and started moving to the beat.

Ему было скучно. По крайней мере, по радио играла хорошая музыка! Джонни закрыл глаза и начал раскачиваться в такт.

Suddenly, something whirred past him. There was only smoke. Mike?

Вдруг что-то с шумом пронеслось мимо. Только облачко пыли осталось. Майк?

**Before he could say a word something else went by. Jonny looked through the disappearing smoke—that was Scott racing ahead!**

Не успел Джонни и слова вымолвить, как мимо проехал кто-то ещё. В исчезающей дымке он успел разглядеть — это был Скотт!

**No way! Now he panicked. He should win!**

Не может быть! Джонни запаниковал. Победить должен он!

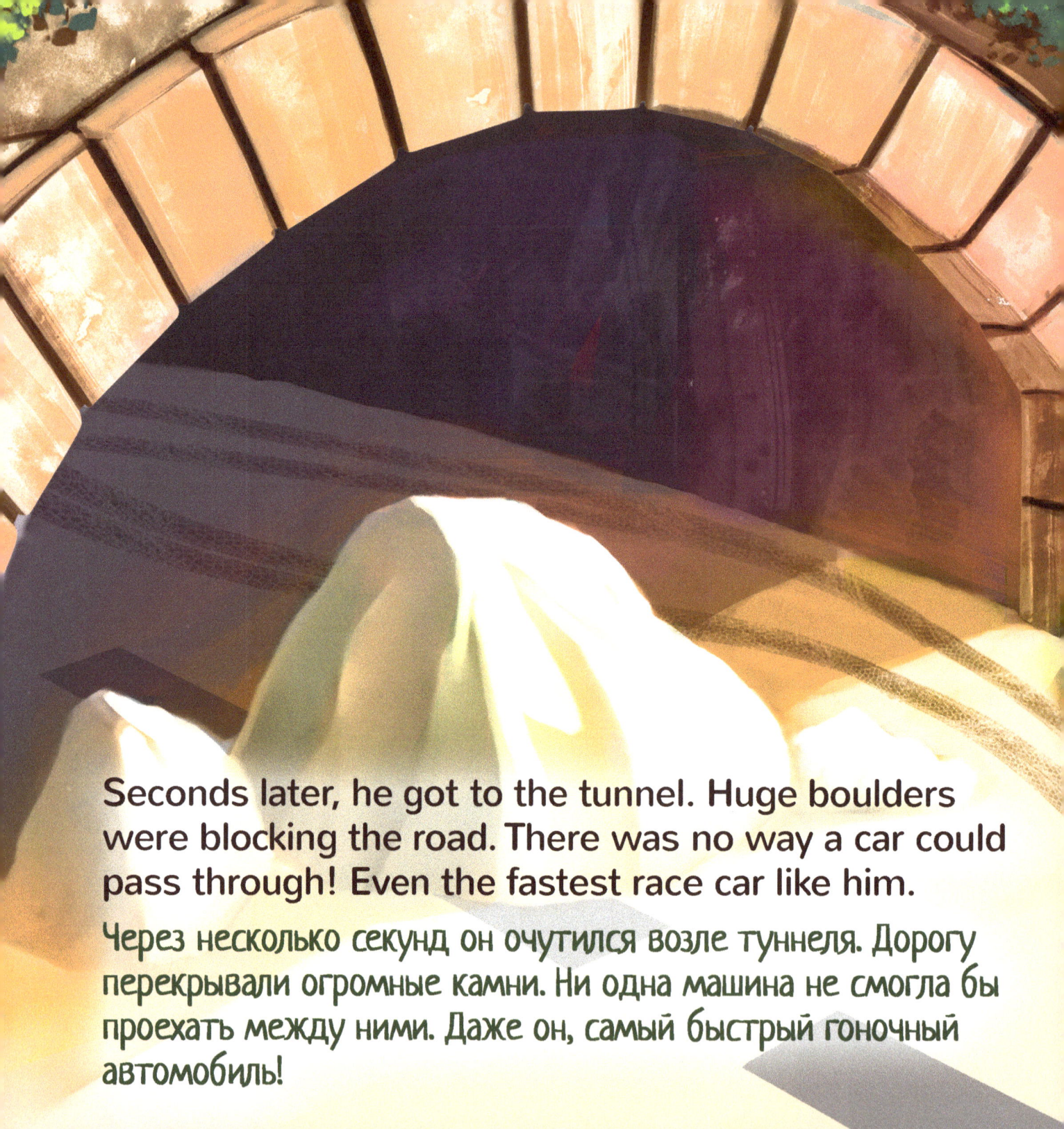

Seconds later, he got to the tunnel. Huge boulders were blocking the road. There was no way a car could pass through! Even the fastest race car like him.

Через несколько секунд он очутился возле туннеля. Дорогу перекрывали огромные камни. Ни одна машина не смогла бы проехать между ними. Даже он, самый быстрый гоночный автомобиль!

But then, he saw the tire marks of both Mike and Scott. They had negotiated their way around the stone boulders! Jonny sighed.

Потом он увидел следы колёс Майка и Скотта. Им удалось объехать камни! Джонни вздохнул.

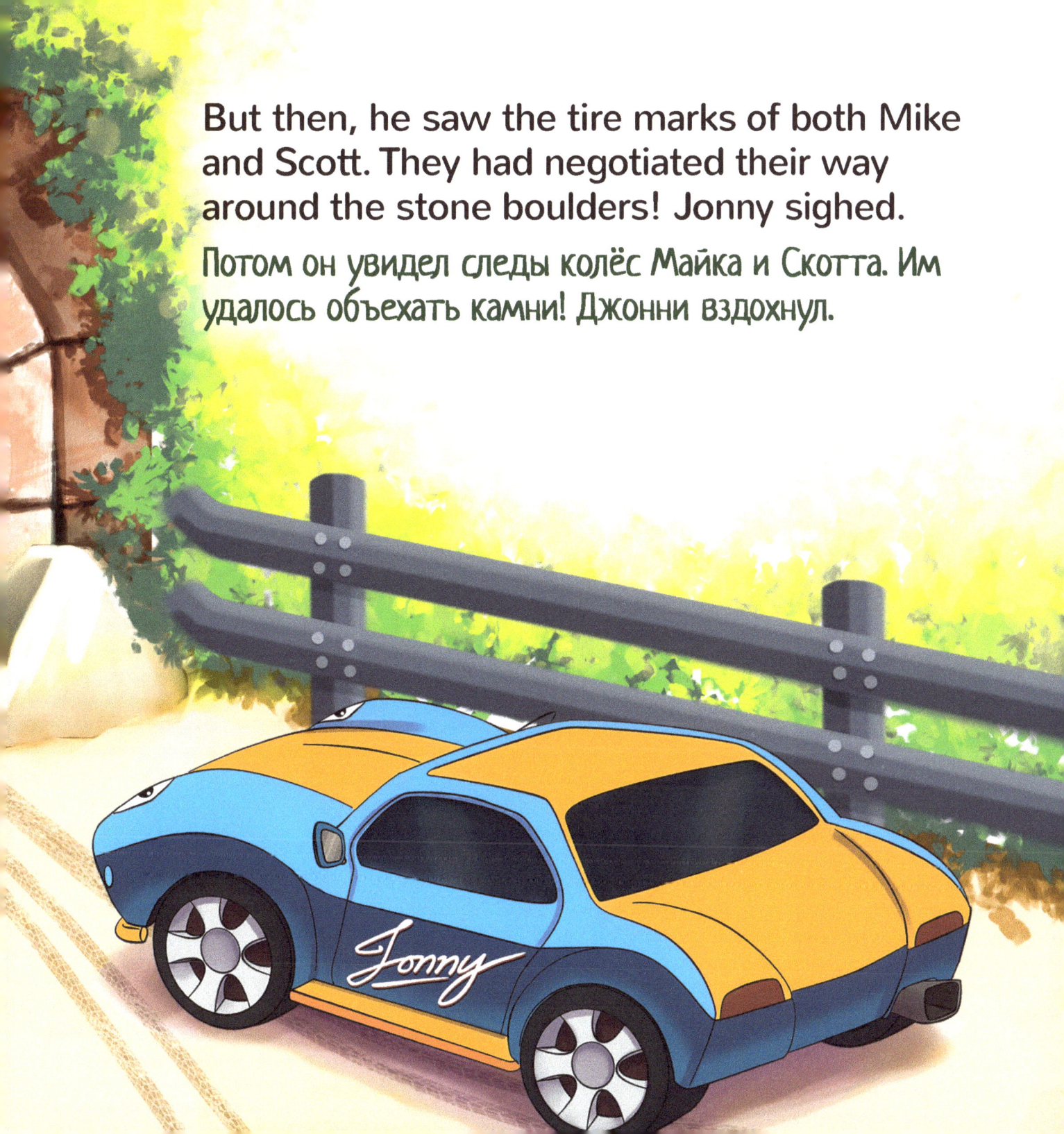

*What kind of a win is that when your friends lose?* he thought.

«Что это за победа, когда твои друзья проигрывают?» — думал он.

In seconds, Scott was next to him.

Вскоре с ним поравнялся Скотт.

"Why did you stop, Mike?" he asked. "You could've won the race!"

— Почему ты остановился, Майк? — спросил он. — Ты же мог выиграть гонку!

"Yeah but...Jonny could be stuck back there..." said Mike, looking towards the tunnel.

— Да, но... Джонни, наверное, там застрял... — сказал Майк, оглядываясь на туннель.

A moment of silence passed by.

Наступила тишина.

"Shall we go to check up him?" Scott asked.

— Может вернёмся и посмотрим, где Джонни? — предложил Скотт.

A smile formed on Mike's face. "Let's go!" he yelled and turned back.

Майк расплылся в улыбке:
— Поехали! — закричал он и повернул назад.

At the blocked tunnel, Jonny was sad. Not because he was losing the race but because he was lonely.

Джонни грустил возле перекрытого въезда в туннель. Дело было не в проигранной гонке: ему просто было одиноко.

**Suddenly—sound of wheels. Those were Scott and Mike!**

Вдруг — шум колёс. Это были Скотт и Майк!

"Mike, Let's move these boulders so Jonny can pass," said Scott.

— Майк, давай сдвинем эти камни, чтобы Джонни смог проехать, — сказал Скотт.

The friends started to work together, pushing the rocks out of the way.

Друзья вместе взялись убирать камни с дороги.

It wasn't easy, but they nudged and nudged and soon there was enough space for Jonny to squeeze through.

Это было нелегко, но они толкали их и толкали, и вскоре между камнями было достаточно места, чтобы Джонни мог протиснуться.

Giggling, they reached the end of Hill Road.
Смеясь, они доехали до конца Холмистой дороги.

"We've won the race—all of us!" exclaimed Mike and Scott.
— Мы выиграли гонку! Мы все! — закричали Майк и Скотт.

Only Jonny was quiet. "I behaved badly with you," he admitted. "I realized it late, guys that together we can do much more. Thank you, my friends, for helping me understand that!"

Только Джонни молчал.
— Я плохо вёл себя с вами, — признался он. — Ребята, я даже не представлял, как много мы можем сделать вместе. Спасибо вам, что помогли мне это понять!

Suddenly, there was applause, cheering for this wonderful bunch of three terrific friends...

Внезапно раздались аплодисменты. Все вокруг приветствовали трёх замечательных друзей...

Friends who discovered that none of them was as good as all of them.

Друзей, которые поняли, что вместе всё делать гораздо лучше, чем поодиночке.

www.ingramcontent.com/pod-product-compliance
Lightning Source LLC
Chambersburg PA
CBHW040045100526
44584CB00033BA/4428